Dorothée Bleker

Du bist echt stark, Papa

Du bist echt stark,

Papa...

... weil ich mich

bei dir *so* **sicher** fühle

wie bei **niemand**

anderem.

Geborgenheit schenken
ist das größte Geschenk.

Katharina Eisenlöffel

... weil du die **tollsten**

Muskeln hast

und dir keiner **dumm**
zu kommen braucht.

... weil du oft sagst,

dass ich **genau so** bin
wie du.

Wer seine Kinder Früchtchen
nennt, sollte nicht vergessen,
dass er der Baum ist.

Hermann Lahm

... weil du **so laut**

schnarchen kannst

und den **schönsten Bart**
der Welt hast.

... weil ich von dir
so viel **Nützliches**
fürs Leben lerne –
sagt Mama immer.

(Vorbilder sind besser
als Vorschriften.)

Thomas Romanus

... weil du mir **so gekonnt**

die Welt **erklärst**

und man mit dir

die schönsten Abenteuer erlebt.

... weil du **Wunden versorgen** und sogar Zähne ziehen kannst.

(Vaterschaft ist ein Beruf,
der einem auferlegt wird,
ohne dass man gefragt wird,
ob man sich auch dafür eignet.)

... weil du immer
so **tolle Sachen**
mit mir **unternimmst.**

(Es hat schon seinen Sinn,
wenn man von Vaterfreuden,
aber von Mutterpflichten spricht.)

... weil du **so stolz**
auf mich bist.

(Für einen Vater gibt es
nichts Holderes als ein Kind.)

Euripides

... weil keiner so schicke

Schuhe hat wie du

und du einfach der
bestaussehendste
Papa der Welt bist.

... weil wir **ohne dich** einfach nicht wüssten, wo's **lang geht.**

Ein Reich ist leicht zu regieren, eine Familie schwer.

aus China

... weil du mit **Mama** so schön **knutschen** kannst.

(Kinder achten mehr darauf,
was Eltern tun, als was sie sagen.

Sprichwort)

... weil du mich **überall**

suchen würdest,

wenn ich mich mal wieder
unauffällig verkrümelt habe.

... weil du nur **selten**
die **Geduld** verlierst.

(
Vater werden ist nicht schwer,
Vater sein dagegen sehr.

Wilhelm Busch
)

... weil du die **tollsten**

Männerabende organisierst

und anschließend mit mir
schon mal für später übst.

... weil du einfach
der **Allerstärkste** bist.

(Mein Vater wird noch
die ganze Welt erobern und
mir nichts zu tun übrig lassen.)

Alexander der Große

... weil wir ganz fest

zusammengehören

und ich einmal

genau so sein will

wie du.

Eine glückliche Kindheit
ist das schönste Geschenk,
das ein Vater zu vergeben hat.

Peter E. Schumacher

Tierisch gut

Über die Autorin:

Dorothée Bleker, geboren 1971 in Münster (Westfalen), entdeckte schon früh ihre Liebe zu Tieren und ihren Spaß am Schreiben. Bereits mit acht Jahren verfasste sie ihre erste Hundegeschichte und andere kurze Tiererzählungen. Eigentlich wollte sie Tierärztin werden, entschloss sich dann aber doch zum Studium der Germanistik und Klassischen Philologie an der Westfälischen Wilhelms-Universität Münster. Seit ihrem Staatsexamen im Sommer 1999 setzt die Autorin ihre Freude am Schreiben auch erfolgreich beruflich ein. Sie lebt heute mit ihrer Familie und ihrem Hund Candy in der Nähe von München.

Titel aus der Reihe „Tierisch gut":

Bärenstarke Wünsche zum Geburtstag (ISBN 3-89008-377-3)
Du bist klasse, Oma (ISBN 3-89008-519-9)
101 Gründe, glücklich zu sein (ISBN 3-89008-522-9)
Du bist klasse, Mama (ISBN 3-89008-557-1)
Du bist echt stark, Papa (ISBN 3-89008-558-X)
101 Gründe, warum ich dich mag (ISBN 3-89008-543-1)
Du bist einfach zum Knuddeln (ISBN 3-89008-586-5)
Saugute Wünsche für dich (ISBN 3-89008-491-5). Auch als Kalender!
Einfach mal abhängen (ISBN 3-89008-809-0)
Mit dir macht alles doppelt Spaß (ISBN 3-89008-509-1)
Beiß dich durch! (ISBN 3-89008-495-8)
sowie der Kalender „Ein bärenstarkes Jahr für dich".

Textnachweis:

Wir danken allen Autoren bzw. deren Erben, die uns freundlicherweise die Erlaubnis zum Abdruck von Texten erteilt haben. Der Text „Vaterschaft ist ein Beruf, der einem auferlegt wird, ..." (S.16) stammt aus: Gärtner Pötschkes Garten-Tageskalender „Der Grüne Wink".

Idee und Konzept: Groh Verlag GmbH & Co. KG

ISBN 3-89008-558-X
© 2003/2004 Groh Verlag GmbH & Co. KG
www.groh.de

Bildnachweis:

Titel, Rückseite u. S. 3: [M] Getty Images / Johnny Johnson;
S. 5: Rolf Bender;
S. 6: Siegfried Kuttig;
S. 7, 13, 34 u. 47: Marie-L. von Mandelsloh;
S. 9: Werner Layer;
S. 10, 22 u. 26: Markus Zweigle;
S. 11: Arco Images / J.&C. Sohns;
S. 14: Wilhelm Eisenreich;
S. 15: Patrick Frischknecht;
S. 17: Juniors Bildarchiv / R. Holzapfel;
S. 18: Arco Images / W. Wisniewski;
S. 19 u. 21: Minden / Michio Hoshino / Premium;
S. 23: Arco Images / J.&C. Sohns;
S. 25 u. 43: B. Fischer / Premium;
S. 27: Frank Stober / f1 online;
S. 29: Brakefield / Premium;
S. 30: Birgit Koch / Premium;
S. 31: Gerald Schwabe;
S. 33: Wolfgang Kern;
S. 35: Juniors Bildarchiv / F. Pölking;
S. 37: Arco Images / C. Huetter;
S. 38: Minden / Frans Lanting / Premium;
S. 39: Minden / Breiter / Premium;
S. 41: Bauer / Premium;
S. 42: Zefa / G. Staebler;
S. 45: D. Fernandez & M. Peck / f1 online.